같이 피어난 꽃

글쓴이 이경용
그린이 배상민

같이 피어난 꽃

글쓴이 이경용

그린이 배상민

2024년 3월 24일 초판 인쇄
2024년 3월 27일 초판 발행

발행인 박 진 영
발행처 도서출판 진영사
인천광역시 부평구 주부토로 236번지 인천테크노밸리 U1
지식산업센터 B동 1507호
전화: 032)505-4207
팩스: 032)505-4206
E-mail: 0183734207@hanmail.net
신고번호: 제2007-000001호

ISBN 978-89-6541-651-7 03800
값: 15,500원

같이 피어난 꽃

목차

01. 같이 피어난 꽃 8

02. 낮에만 피는 꽃 10

03. 쭌이의 아이셔... 12

04. 아빠가 주신 돈 14

05. 쭌이의 생각 16

06. 쭌이 하늘을 날다 18

07. 장난감 자동차 20

08. 쭌이 증조할머니 22

09. 내새끼(=내강아지) 24

10. 아내의 꽃밭 26

11. 수양딸-II 28

12. 마음에 새로운것을 채우면 30

13. 우리네 인생 32

14. 다가기전에 34

15. 만나 36

16. 그게 꿈이었다면 38

17. 반짝반짝 40
18. 멍울꽃 42
19. 내친구야? 44
20. 벗 46
21. 이런우산 한번 써보실래요 48
22. 주전자 50
23. 동서 52
24. 바람처럼 떠날수있는 삶 54
25. 따뜻함 56
26. 인생의 방향 58
27. 길 60
28. 달린다 순이와숙이 62
29. 할머니 64
30. 돼지감자 66
31. 모정 68
32. 인생열차 70

33. 나는 휴가중이다 ········ 72

34. 바람 ········ 74

35. 친구들 ········ 76

36. 야쿠르트 아가씨 ········ 78

37. 세월 ········ 80

38. 목련꽃 ········ 82

39. 불빛 ········ 84

40. 세월의 강물 ········ 86

41. 좋은사람 ········ 88

42. 넘어지지 않는 사람 ········ 90

43. 달려와 주는 친구 ········ 92

44. 그대 발길이 머무는 곳엔 ········ 94

45. 오늘이라는 그날에 ········ 96

46. 유빈이의 하루 ········ 98

47. 옆에 ········ 100

48. 빈손으로 가는 인생 ········ 102

49. 5일장의 추억 ······························ 104
50. 쉐리벨의 정원 ······························ 106
51. 눈송이 ······························ 108
52. 만남 ······························ 110
53. 당신은 ······························ 112
54. 가을날의 커피한잔 ······························ 114
55. 칼춤 ······························ 116
56. 아무것도 아닌 것처럼 ······························ 118
57. 자신이 만드는 행동 ······························ 120
58. 끝에서면 ······························ 122
59. 그사람 ······························ 124
60. 전봇대 ······························ 126
61. 그래도 되는줄 알았습니다 ······························ 128
62. 눈꽃 ······························ 130
63. 국밥 ······························ 132

같이 피어난 꽃

우리는 사랑한다고
말하지 않는다.

우리는 언제나 같이
피어난 꽃이 되자

몇방울 찬이슬을
나누며 목마름을 나누자

살랑살랑 불어오는 바람이 오면
솜털 같이 이쁜 꽃잎으로
어루만져 주는거야,

아무도 없는 밤에 태어나
한들한들 짧게 흔들리다.

머물다 함께 가는거야.

낮에만 피는 꽃

지몸을 불살라
낮에만 피는 꽃
아침일찍 와도 돼
저녁늦게 와도 돼
밤에만 피는 꽃도 있는데

너를 만나니 정말 반갑구나

세월이 흘러
세월이 가면
점점 늦게 피는 꽃이 되리라

사랑에 마음을 주는 꽃
너를
"낮에만 피는 꽃" 이라
명명 하리라
밝고 강렬한 햇빛 머금고
찬란하게 피거라.

min.

쭌이의 아이셔...

귤도 시고,
젤리도 시고,
사탕도 시다.

신맛에 길들이니 신것도
오래 씹으니 단맛이 난다

아이의 “아이셔” 하는
모습이 귀엽기도 하고
너무 이쁘다.

얼굴을 찡그리고
화들짝 놀라는 모습이
깨물어 주고 싶다.

“이쁜아이야”

그모습 오래오래 간직 하렴.
니모습이 이쁜지
너는 모르지?

아빠가 주신 돈

착한일을 했다고
아빠가 주신돈
무엇 할까요?

장난감 살까요?

젤리 살까요?

아니 아니 아니죠

저금 해야죠.

쭌이의 생각

"원, 투, 쓰리 고우"!
아이가 큰소리로
외친다.

이리뛰고 저리뛰고
구르고 발차기를 하고
온몸을 불사른다.
건강한 아이만이
저리 놀 수 있는데
아이 눈이 피곤한지
스르르 감긴다. 천사 같은 얼굴이다.

오늘도 지애미 한테
묻는다. "엄마 편의점 가도되?"
"할아버지랑 한번만 가"
한번은 가도 돼
벌써 두번 갔다 왔는데?

어떡하지 이거 곤란한데
아! 내일은 안가면
되겠네 스스로 결론을 내고
혼자 좋아한다.

쭌이 하늘을 날다

그네를 힘차게
밀어 달란다

하늘 높이! 하늘 높이!
신나서 크게 소리를 지른다.

쭌이 하늘을 나네.

아직은 작은키에
하늘을 나니 지가 제일 크단다.

할아버지, 할머니 보다도
지가 크단다.

햇살이 쭌이의 얼굴을 비춘다
해맑은 미소가 이쁜 쭌이가
싱그럽다.

min

장난감 자동차

장난감 자동차가 일렬로
줄을 맞추어 간다.

가로도 맞추고
세로도 맞추자니
그게 어렵다.

한줄 두줄 세줄
열을 맞추어 간다.
꼬마 자동차가
슬며시 삐뚤빼뚤 지멋대로 간다

그러면 안되는데
저 멀리서 호루라기 소리가
들린다.
이것도 놀이인데 놀이의
규칙을 지켜야지 바보야!

쭌이 증조할머니

어머니는 영원히 아름답다.
여자는 젊어서 한때
곱지만
어머니는 영원히
아름답다

여자는 자신을
돋보이려 하지만
어머니는 자식을
돋보이려고 한다.

여자의 마음은 꽃바람에 흔들리지만
어머니의 마음은
심하게 부는
태풍에도 견디어 낸다

여자는 아기가 예쁘다고
사랑하지만 어머니는
아기를 사랑하기 때문에
예뻐한다.

여자의 마음은
사랑 받을때 행복하지만
어머니의 마음은
사랑을 베풀때가 행복하다.

여자는 제마음에 안들면
헤어지려하지만 어머니는
우리마음에 맞추려고 하나가
되려고 한다.

여자는 수없이 많지만
어머니는 오직 한분 뿐이다.

말로 다 표현할 수 없는
어머니의 사랑
그크신 사랑에 머리숙입니다.

내새끼(=내 강아지)

오늘은 유난히
외할머니가 생각난다
나를 보면

내새끼, 내강아지 하시며
볼을 비비시던 그모습이
문뜩 그리워진다.

꼬낏 꼬낏 감추어 두신
천원짜리 한장을
아무도 모르게 집어 주시던
그사랑 따스함이 그리워진다.

내강아지 할머니는 언제나 내곁에 있으련다
항상
씩씩하게 뛰어놀거라. 내새끼!

아내의 꽃밭

아내가 눈을 잃었다.

어두어진 아내의 눈을 위해
꽃밭을 만들었더니
아이처럼 아내가 활짝 웃는다.

꽃을 좋아하던 아내가 활짝핀 꽃을 얼마나 보고 싶을까

아내가 눈을 잃었다.
아내의 익숙함을 위해
오래된 가전제품을 단하나도 바꾸지 않았다.
우리부부의 삶은 편리함보다
익숙함이 편할때가 있다.

아내가 눈을 잃었다.
아내의 건강을 위해
라면 한그릇도 우리부부는 너무 행복하게 먹는다.
아내의 기억속엔 나는 30년전 멈쳐버린 씩씩한 청년사진 이다.

아내가 눈을 잃었다.
아내의 안전을 위해
가시도 없고 꿀도 없는 꽃을 심었다.
꽃에 향이 없어
벌도 나비도 오지 않는다.

아내가 눈을 잃었다.
아내의 웃음을 되찾아주기 위해
심은 꽃밭에 꽃이 활짝 피었다.
언제나 아내는 꽃을 만지며
부드로운 솜사탕 같다고 한다.

아내가 눈을 잃었다.
아내를 영원히 사랑하기 위해
나는 오늘도 사랑의 노래를 부른다.
아내보다
단하루라도 늦게 가야지 하는 노래를...

오늘도 나는 무척 바쁘다.
아내와 행복한 하루를 보내기 위해
어디에 있던 나를 잘 찾는 아내
나만의 냄새를 기억하고 찾아온단다.
오늘도 우리는 웃음이 있다.

수양딸-Ⅱ

매일 업무로
전화하면
어제도 야근했다고
매일 바쁘단다.

아들 셋의 엄마로
수시로 병원에 간다
아이들도 엄마랑
안떨어지려고 할텐데?
마음이 아파온다.

친정어머니가 낮에는 아이들을
돌보신다는데
얼마나 힘드실까?
이게 보통일이 아닐텐데

아들 셋중 막내가 지앞가림을 해야
조금 나아질텐데
아직 갈길이 멀다.

내일이면 조금 나아지려나?

min

마음에 새로운것을 채우면

무언가를
잊어버리고 싶다면
그대로 두고 시간에
맡기면 됩니다.

시간은 망각의 힘
회복과 치유의 힘
무언가를 잊으려고
노력하기 보다는
새로운것에 희망을
채우면 됩니다.

마음에 새로운것을
채우면
자연스럽게 옛생각들은
밀려나갑니다
그러는 사이에
시간이
부드러운 손길로
나를 어루만져 줍니다

min.

우리네 인생

보이시는가 저기 푸른하늘
두둥실 떠있는 한조각 흰구름
그저 바람부는대로 흘러가지만
그 얼마나 여유롭고 아름다운가

여유있는 삶이란
나 가진 만큼 만족하고
남의것 탐내지도 보려고도
아니하고

누구하나 마음 아프게 아니하고
누구 눈에든 슬픈 눈물 흐르게
하지 아니 하며
오직 사랑하는 마음하나
가슴에 담고
물흐르듯 구름가듯 그냥그렇게
살아가면 되는 것이라네.

min.

다가기전에

못다한 마음의 사랑이 있거든
그사랑 채워지게 해주세요.

그누군가와 못다한 이야기가
남아있거든
온밤을 하얗게 이야기하게 해주세요.

용서하지 못한 미움이
남아있거든 모든걸 용서하게 해주시고
마음이 외로운 이들에게는
따뜻한 친구가 되게 해주세요.

추운날 어스름한 새벽녘에
멀리서 찾아오는 친구가 있다면
반갑게 자리에서 일어나
내자리를 비어주게 하시고
그 얼음을 녹이게 해주세요.

모든일들에 아쉬움이, 부족함이
남아있지 않게 해주세요.
비가 오면 오는대로
눈이 오면 오는대로, 살만하면 떠나는 인생
그렇게 그렇게 살아갈테야.

만나

우리 즐거울때 만나
그래야 정말
행복한줄 알지.

우리 슬플때 만나
그래야 우리의 아픔을
같이 나누지

우리 행복할때 만나
그래야 우리 서로
바라보는 마음이 행복하지

우리 눈올때 만나
그래야 따뜻함을
나눌 수 있지

정말 행복하다

그게 꿈이었다면

다시 돌아가고 싶지않은
그때
나는 그때를 생각해 이를 악물고
오늘을 산다.

다시 돌아간다면 하고
과거를 떠올릴때
나는 다시 똑같은 상황이 오더라도
똑같은 결정을 하리라.

우리는 매일 과거를 떠올리고
미래를 생각한다.
올바른 결정은 아니지만
현명한 결정이었다고
자신을 위로하며 산다

반짝반짝

크리스마스 트리에
반짝이는 전등을 다니
반짝반짝 제빛을 발하고 있다.
그안에 달아있는
병정들이 한걸음 한걸음 빛을 발하여
내곁으로 다가 오는 것 같다.

크리스마스 트리에
빨간리본이 매달려있다.
네모등, 세모등, 원형등
각가지 등들이 사랑해달라고
아우성을 친다.

크리스마스 트리에
산타할아버지가 선물을 넣을
빨간 장화를매달았다.
산타할아버지가 무슨 선물을 주실까?
잠을 못자고 선물을 기다린다.

멍울꽃

천년의 숨바꼭질
속에 만난
그대와 나
찰나의 마주침도
어찌 소중하지 않으리요

마음 모서리에 피어
앉아있는 멍울꽃은
내아픔 이기에
그대가 마음으로
만져주면 좋겠네?

길가다 마주치는
눈빛하나도
마음에 빗빛 멍울로
저려오는 것은 그대들의 삶이
내아픔 같았기에
자꾸 눈물이 나더라

눈처럼 고운 그대여
사람이 사람을 만나
눈빛 마주두고 걷는 것은
가슴 한켠 묻어둔 정때문이리라
말 한마디 눈빛으로 주는사랑,
그게 사람사는 모습이리라

내친구야?

우리앞에 놓인 세상이
아무리 힘든 길이라도
나는 친구들과 미래를 함께 걸어갔으면 해

우리들이 함께 간다면
어떤 험한 세상도
잘헤쳐나가며
어떤 일도 무서울게 없을것 같애.

니가 힘이 들면
내한쪽 어깨를 빌려 줄테니
언제든 내어깨에
기대었으면 해

어렵고 힘든일이 찾아오면
내가슴을 빌려줄게
언제든 얼굴을 묻고
마음껏 눈물을 흘리렴

친구들의 웃는 모습을
바라보는 것이
나의 작은 소망이란 것을
너도 알아주었으면 해

벗

길이 멀어도
찾아갈
벗이 있다면 얼마나 큰힘이 될까
연락 없이 찾아가도
가슴을 가득채워주는
따뜻함으로 맞이해주는
벗이여

이런저런 사는 속내를
밤세워 나눌 수 있는
내하나 뿐인 벗이여

세월이 모습을 변하게
할지라도
보고싶은 얼굴이 되어
먼길이지만 찾아갈
벗이 되고 싶다.

이런우산 한번 써보실래요

삶이란
우산을 펼쳤다 접었다
하는일

성공이란
우산을 많이 가지고
있는일

죽음이란
우산이 더이상
펼쳐지지 않는일

행복이란
우산을 많이
빌려주는일

사랑이란
한쪽 어깨가 젖는데도
하나의 우산을 둘이 함께 쓰는 것

이별이란
하나의 우산속에서
빠져나와
각자의 우산을 펼치는 일

연인이란
비오는날 우산속 얼굴이
가장 아름다운 사람

부부란
비오는날 정류장에서
우산을 들고
기다리는 모습이
가장 아름다운 사람

한사람이
또한사람의
우산이 되어줄때
한사람은 또한사람의
마른가슴에 단비가 됩니다.

주전자

가진걸 다 비울때까지
몸을 숙이고
또 숙인다.

자기안의 물을
남에게 주기위해

꼿꼿한 자세로는
줄 수 없다는것 그걸 알고는
한없이 몸을 숙인다.

겸손의 의미를
알게 하는
생활의 지혜이다.

한세상 살다보면
하찮아 보이는 작은것도
삶은 교훈을 얻는 경우가
참 많다.

동서

참 정이 많은분 이었다
누구에게나 정을 주고
떠날때는 말없이
하늘나라로 여행을 가셨다.

참 소박한 여행을 좋아하셨던 분이다
작은텐트를 치고
라면을 먹던 모습이
너무 행복해 보였다.

참 노래를 잘부르던 분이셨다
"천년을 빌려 준다면" 을
구성지게 불렀다.
어찌그리 고음이 기교있게 넘어가는지
감탄이 절로 나온다.

참 베풀기를 좋아하셨던 분이었다.
무어든 맛난걸 드실때면
가까운 분들이 생각 나셨나보다.
꼭 좋은 먹거리는 잊지않고
같이 가자고 하셨다

오늘도 하늘나라에서
“천년을 빌려준다면”
부르고 계실거다
행복한 얼굴 모습이
파노라마처럼 지나간다

바람처럼 떠날수있는 삶

오늘이 가면
내일이 온다기에
일찍 잠자리에 들었는데
새벽에 눈을뜨니
내일은 어디가고
오늘만 있습니다

너무 잘하려고 하지마세요
그게 더 나를
힘들게 하는 일 입니다.

너무 앞서가려 하지마세요
그게 다 나를
힘들게 하는 일 입니다.

조금더 가볍게 편안히
살아가도 나쁠건 없습니다

min

따뜻함

서로에게 힘이되는
그런사람이 되었으면 좋겠다.
주위를 돌아보면
정말 따뜻하고
좋은사람들이 참많다.

나와 함께
살고있는 좋은사람을
만나고
떠올려 보면
따뜻함을 느낀다.

과연 우리는
단하루라도 혼자서 살수있는
일이 가능할까?

우리는 웃고, 울고
사랑하고, 미워하고
용서하며 산다.

다만 우리의 인생의 돛을
희망으로 바꾸는 일은
우리의 몫이다.

인생의 방향

우리의 인생은
먼저
나아갈방향과 목표를
정하고 달려가야 합니다

내가 무슨일을 해야하며
왜 해야 하는지
방향을 정해
나아가야 합니다

빨리가면 멈추기 어렵고
방향을 바꾸기도
어렵습니다

너무 서두르지 말고
잠시 쉼을 통해서
인생의 방향을 점검합니다

중요한것든 나의 목적지가
어디인지 늘 잊지 않는
마음 입니다.

길

갈길이 멀다고 느껴지면
걸어온길을 되돌아 보자
그러면
갈길이 얼마
남지 않았음을
알게 되리라.

갈길이 가깝다고 느껴지면
걸어갈길을 생각해 보자
그러면
쉽게
내가 갈길을
갈수 있으리라.

갈길이 어두워지면
산속 작은초가집의 호롱불을 향해 가보자
그러면
내희망의
불빛이 서서히
모습을 나타내리라.

갈길이 서서히 밝아오면
타오르는 태양을 향해 가보자
그러면
지친 내몸에
힘이 솟아나
지칠지 모르고 갈수 있으리라.

이제 내인생의 길에
종착역에 왔다.
서서히 서서히
행복의 문으로
들어가는
마음의 작은길을 찾았다.

min

달린다 순이와숙이

순이는 아픈몸을 이끌고 알바를 한다
그리 일해야 먹고살까? 지금은 조금 쉴때인데

순이 친구는 숙이다
순이와 숙이는 별로 친한것
같지 않은데 친하단다 그래도 만나면
데면데면 한다. 그게 친한걸까?

순이는 수시로 남편한테 전화가 오고
숙이는 남편자랑이 은근하다. 전문가
프로급이다.

순이와 숙이는 언제까지 서로를
이해할까? 더 늙어봐야 진정으로
서로를 이해할꺼야
그때는 손주, 손녀 얘기 하겠지?

할머니

세상 투박하고 거친 손을
가린 당신

당신을 위해서는
단하나라도 안하시는 당신

동그랗고 검은테 안경을
쓰시던 당신

자식 밥먹이는 일이
세상 무엇보다도 중요하던 당신

이제는 볼수 없는 그모습
오늘도 할매는 부두막에서
두부를 만들고 계십니다
언제나 자식을 보내며 그 수없이
하던인사 "잘가" 언제또오니?

돼지감자

알토란 같이
넘실넘실 피어나는
돼지감자

화전민의 정겨운 고향의 맛
오지마을에 출출한 한입
먹거리라네

살아보니 이맛이
우리에겐
정겨운 맛이라네

너와 지붕 바람에
날릴까 마음 졸이던
그시절이 그립다

모정

새가 난다.
한쪽 날개로 애처롭게
난다.

두날개를 펴서
날지 못하니
애미새가 애처롭게
쳐다 본다.

날다 지쳐서 나뭇가지에
앉으니 애미가 모질게
물어다 높게 날다
떨어트린다.

그리하기를 여러번
작은새가 두날개를 활짝펴고
허공을 힘차게 난다.

인생열차

행복하십니까?
불행하십니까?
정말 원하는 길을 가고 계십니까?

편안하십니까?
불편하십니까?
아니면 그런대로 갈만하십니까?

편안한것도 내몫
불편한것도 내몫입니다
인생열차 타고 가다보면
애환이 있습니다

그런게 없다면
인생열차가 아니지요
언제 내릴지 모르는
인생열차 가는데 까지
즐기며 타고 갑시다.

나는 휴가중이다

한길만을 걷다보니
휴가도 몰랐다
내가 휴가중이라고 외쳤더니
다들 나를 이상하게 쳐다본다

두번째 길은
휴가도 가고 여행도 가고
친구도 만나고 재미나게 여유있게
하루하루를 보내려고 했는데
근데 웬걸
이게 또 마음대로 되질않네?

그냥 평소 살던데로
살아야겠다. 휴가보다는
즐거운 마음으로 근무하는것
내가 매일 출근할수 있는
작은 내사무실이 좋다.
이게 행복 이겠지...

바람

바람이 분다
바람이 불어

봄을 알리는 산들바람이 아니고
살을 애는 차가운 바람이다.

아파트 창문에
찬바람이 부딪치면
탕! 탕! 소리를 낸다
누구든 깜짝 놀란다.

내일은 두툼한 옷을입고
나가야지
진짜 추워지고 있네

젊을때 보다는 나이가 드니
더춥다
뜨거운 오뎅 국물이 더 그리운 이밤
오늘도 구수한 국물이
그리워 진다

친구들

한번 왔다가는 이세상
좋은 친구와 진한 우정을 나누며
살맛나는 세상을 살아 봅시다.

많은 시간을 함께 있다고 절친도 아니고
자주 못만난다고 서운한것도 아니다
말이 많다고 다정한것도 아니고
말이 없다고 무심한것도 아니다

겉보다 속이
좋은점을 보고 우정을 나누었다면
나쁜점을 보고 돌아서지 말아야한다

사람이 살아가는데
최고의 자산은
좋은 친구와 나누는 우정이다.

야쿠르트 아가씨

언제나
같은시간 승강기도 타지않고 사뿐사뿐 가볍게
계단을 뛰어다닌다.

뒷모습만 보면
영락없이 아가씨인데
아들셋의 엄마란다.

어느날 새벽
후미진 골목에서
야쿠르트를
옮겨 담고 있다 지금은 종류가 많다
옮기는데
땀을 뻘뻘 흘린다.

정말 원더우먼 이다
항상 웃음짓는
얼굴로 "안녕하세요"를
외치면
오늘도 달린다

세월

앞에서 끄는이도 없고
뒤에서 미는이도 없지만 덧없이
흘러가네 세월

어제는 벌써 흘러갔고
내일은 어림할수 없고
눈앞의 오늘만, 오늘
잘도 흘러가네

동녘에 떴던 해는
점심되니 정수리를 비추고
저녁 수저 놓기 바쁘네
서산에 자취 감추며 잘도
흘러가네

한해가 속절없이
덧없이 흘러가네
세월이란 무정한놈.

목련꽃

우리 목련꽃 피면
서로 만나자
그향기에 취해도
잊지말고 만나자

우리 목련꽃 피면
사랑을 나누자
그향기에 취해서
사랑이 불타오르게

우리 목련꽃 피면
불빛을 찾아가자
따스함이 목련꽃을
더욱더 향기롭게 할테니까

우리 목련꽃 피면
그밑에 앉아서 편지를 읽자
목련꽃 향기 편지의
향기로움을 더해 줄테니까

min.

불빛

불빛 다섯개가
방안을 밝힌다.

너무 눈이 부셔
몇개를 빼려해도
그불빛의
아름다움에 빼지를 못한다.

다른 불빛 다섯개가
꺼져 아름다움을
잃어가고 있다.

이 밝음이 없다면
우리는 어찌 살았을까?

문뜩 촛불로 방안을
밝히던 그옛날이
스쳐간다
아! 옛날이여! 똑똑똑!

세월의 강물

세월의 강물은
쉬지않고 흐른다.

시작도 끝도없이

누구나 세상에
초대받지 않았지만
왔다가
허락도 없이
이세상을 떠나간다.

강물처럼 바다처럼
한줌의 구름같이

좋은사람

그사람만이
가지고 있는 마음씨

없으면서도 남을
도우려는 사람

자기도 바쁘면서
순서를 양보하는 사람

어떠한 어려움도
꿋꿋하게
이겨내는 사람

삶을 진실하게
함께 하는사람은
잘익은 찐한 과일향 나는사람

세상을 바라보는 눈이 곱고
밝은사람
항상 웃고 있는 사람은
마음을 상쾌하게 하는
진한 커피향 같다.

min

넘어지지 않는 사람

사람은 누구나 넘어집니다
하지만
넘어짐이란 실패가 아닌
다시 일어날 기회 입니다

넘어짐을 두려워 하지 마세요
넘어짐을 배운사람은
다음에 넘어지는 것을
두려워 하지 않습니다

넘어지지 않는 사람은 없다
단 다시 일어나는
사람만이 앞으로
나아가는 방법을
알게 될거야.

달려와 주는 친구

풍파 많은 세상사
미래를 알수없는 인생
어떻게 변할지 모르는 내일
그래도
우리 오랜 친구로 남아있자

세상이 우리를
아프게 할지라도
옆에 있어 주는것만으로도
위로가 되는 친구로 남아있자

서로 힘들고 아플때
도움이 되지는 못해도
한달음에 달려와 주는
은은한 향기 풍기는
목련꽃 같은 친구로 남아있자

우리 함께한 추억이
세상살던 기억이
옅어지더라도
서로를 기억할수있는
소중한 친구로 남아있자

우리가
어떤 모습이든
어떤 상황이든 변치않고
서로를 격려하고
서로를 비쳐주는
등불같은 친구로 남아있자

친구 생각만으로도
미소 머금을수 있는
서로 가진 것이 없더라도
계산하지않고
두팔로 허물없이 안아줄수 있는
행복한 친구로 남아있자

그대 발길이 머무는 곳엔

그대 발길이 머무는 곳엔
사랑이 넘치는 거리가있다
젊은 남녀가 팔짱으로 끼고
사랑을 속삭인다.

그대 발길이 머무는 곳엔
뜨거운 정열이 있다 이글이글
타오르는 태양
구릿빛 피부가 아름답다

그대 발길이 머무는 곳엔 겨울
눈꽃이 핀다. 사랑의
눈싸움에 지쳐 거친숨을 내붓고
온몸의 땅이 햇살을 받아 반짝인다

그대 발길이 머무는 곳엔
노래가 있다. 요즘 트랜드인 트롯트도 아니고
명곡도 아닌 기쁨에 행복함에 나오는 노래
탄성이 절로 나온다.

min

오늘이라는 그날에

즐거운 일만 생각나며
지낼수 있는
오늘 이었으면 합니다

따뜻한 사람의 향내와
사람 냄새가 나는
오늘 이었으면 합니다

레몬같이 시큼하면서도
달콤한
오늘 이었으면 합니다

짙은 향수를 뿌리지 않아도
은은한 향기를 낼수있는
오늘 이었으면 합니다

깊은 산속 옹달샘 같은
맑은물이 있는
오늘 이었으면 합니다

우정을 나눌수 있는
좋은 친구 만났다고 기쁨을 나누는
오늘 이었으면 합니다

"역시난 행복해"라고
말하며 어깨가 으쓱
올라갈수 있는
오늘 이었으면 합니다

무언가 골돌히 생각해도
답답하거나 화를 내지않고
미소를 머금을수 있는
오늘 이었으면 합니다

참 잘 살았어!
잘했어!
행복했어! 라고 말할수 있는
오늘 이었으면 합니다

모두 즐길수 있는
즐거운 세상이 있는
사랑하는
오늘 이었으면 합니다

유빈이의 하루

유빈이의 하루는 복잡하다.
학교에서 떠드는 친구들도
챙겨야 하고
장애가 있는 친구도 돌보아야한다

유빈이의 하루는 즐겁다.
"유빈이 왔어요"하는
엄마의 경쾌한 목소리도 좋고
나를 잘 이해해 주는
아빠도 좋다.

유빈이의 하루는 바쁘다
할아버지, 할머니가
가까운 곳으로 이사오셔서
자주 들려야 하니까 하루가
빠르게 지나간다.

할아버지, 할머니가 오시니
마음이 푸근하고 좋다.

옆에

누군가를 옆에
두는 일은
아주 소중합니다.

그런일은
옆에
누가 있느냐에 따라

당신의 인생이
송두리채
바뀌기 때문입니다.

생각하는 능력이
부족한 사람은
도움이 안되는 사람을
옆에 두고 낭패를 보지만

지혜로운 사람은
함부로 사람을
옆에 두지 않습니다.

min.

빈손으로 가는 인생

갓태어난 아기는
손을 꽉 부르쥐고 있지만
죽을때는 펴고 있습니다

태어나는 사람은
이세상 모든것을
움켜 잡으려 하기 때문이고

죽을때는 모든것을 버리고
아무것도 지니지 않은채
떠난다는 의미 입니다

당신이 이세상에 왔을때
혼자만이 울고 있었고
주위 모든 사람들은 미소짓고 있습니다

당신이 이세상을 떠날때
당신 혼자 미소짓고
주위 모든 사람들이 웃도록
살아 갑시다.

한결 같은 삶이 더아름답고
더 행복하다는 것을 아는 당신!

5일장의 추억

5일장의
고소한 냄새가
코를 찌른다

참기름도 있고
들기름도 있다.

50년을 이어가는 방앗간
할아버지, 할머니가
가랫떡을 뽑고 계신다.

겨울철 먹거리인 강정이
형용색색 견과류에
더해져 고소함을 뽐낸다.

점심시간엔
순대국도 있고
잔치국수도 있다.
하! 이것 정말 한번와서
먹을만 하네.

쉐리벨의 정원

우리동네에는
멋진이름을 가진
프랑스풍 꽃가게가 있다.

주인장의 넉넉한 인심으로
많은사람들이 오고가는
곳이다.

그곳엔 꽃들이 제각기 향기를
내면서 서로를
뽐내고 있다.

"까랑띠에 2,000원"
"타로를 봐드립니다"

꽃가게와 어울리지 않는
문구가 보는 사람을 자극한다.

이곳은 꽃들의 천국이다,
사람들을 이 꽃가게의 의미를 알까?

눈송이

눈꽃처럼
당신에게 가고
망설이지 말고
서성대지 말고
감추지 말고

그냥
당신의 하얀 삶속에
스며들어
따뜻한 겨울이 되고 싶다

천년화가 되어
당신을 영원히
그리워 하고 싶다

만남

우리의 만남이
꽃잎이 햇살에 웃는것처럼
나뭇잎이 바람에 춤을 추듯이

일상의 잔잔한 기쁨으로
서로에게
행복의 이유가 될수있다면
얼마나 좋을까?

당신과의 인연이 영원을
약속하지
못할지라도

먼훗날 기억 되는
그순간까지 변함없이 영원히
한떨기 꽃처럼
아름다웠으면 좋겠습니다.

min.

당신은

당신은
살아가는데
기분을 좋게하는
그런사람 입니다.

당신은 그냥 떠올리기만해도
입가에 미소가
저절로 한아름
번지게 하는
그런 사람입니다

당신은 꼭가진게 많아서도 아니고
무엇을 나눠줘서도 아니며
언제나 마음을 편안하게
해주는 그런사람 입니다

당신은 커피한잔을 마시면
감춤없이 내안의 고통까지
보여줄 수 있는 그런사람 입니다

당신은 심장이 따뜻한 사람 입니다

가을날의 커피한잔

가을 단풍처럼
찬란한 빛으로
물든
여인의 가슴에는 커피한잔이 놓여있습니다

가을이 익어가듯 여인의
열정도 익어갑니다 한때의
아련한 추억으로
새겨졌던 그리움도
이제는 밤하늘의
별처럼 아롱져 맺혀갑니다

사랑의 그리움에
마음이 아파져도
가을 탓 이라고 여기지말고

가을이 준 선물이라고
생각하며 살아 갑니다.

칼춤

살수의 칼춤은
피비린내를 부른다.

무인의 칼춤은
훈련한 땀냄새를
부른다.

무당이 추는 칼춤은
혼을 부르고
사랑하는
사람을 다시연결해 준다

칼춤의 묘미는
날이선 칼날에 있다.
시퍼런 칼날 바람을 가른다.

일도양단 칼춤이 끝난후
칼이 칼집에 스르르 들어간다
고요해 진다. 멋지다. 그모습.

아무것도 아닌 것처럼

오늘은 슬픈일만 있어도
내일은 기쁨이 찾아올지도 모른다
오늘은 분노로 가득차고
내일은 기쁜일로 소리내어 크게 웃을지도 모른다
아무것도 아닌 것처럼

오늘이 인생의 마지막처럼 고달퍼도
내일은 희망의 푸른날개가 퍼덕이며
찾아올지 모른다.
아무것도 아닌 것처럼

오늘은 내 주머니가 비어있지만
내일은 가득 찰지도 모른다
오늘은 날 알아주는이가 없어도
내일은 날 찾아주는 사람이 차고
넘칠지도 모른다
아무것도 아닌 것처럼

오늘 하늘은 맑고 푸르지만
내일은 그하늘을 못볼지도 모른다
그래도 오늘 하루는 당신에게 주어진일에
묵묵히 정성을 다해라
아무것도 아닌 것처럼

자신이 만드는 행동

가슴에 담는 기쁨
좋은 아침이
좋은 하루를 만드니

하루를 멋지게 시작해보라.

얼굴에는 웃음꽃을 피우자
웃음꽃에는
무한한 행복이 있다

자신을 사랑하자
행운의 여신은
자신을 사랑하는 사랑을 사랑한다

세상을 향해 축복하자.
세상은 나를 향해 축복해 주리라
준비하고 살아가자
준비가 되면 사랑을, 행복을
꽃피울수 있다

희망의 꽃을 피우자
희망의 꽃이 희망의 열매를 맺는다.

끝에 서면

고마운사람들
아름다운 만남
행복 했던 시간들
나와 함께한 모든일들이
과거로 묻혀지려한다.

한발한발 조심스럽게 가자고
좋은 일들만 기억하자고
좀더 사랑하자고
좀더 노력하자고
좀더 참자고
좀더 좀더 나를위해 살라던
다짐도 못내 아쉬움으로 남는다

그러나 내가 만났던 모든일에 감사하며
감사의 제목들이 많아
조금은 뿌듯하다.
멋진 내일은 꿈꿀 수 있어
또한 감사한다.

그사람

만나면 좋고
둘이 함께 있으면 더좋고
헤어지면 늘 생각나는 사람

따뜻한 인사 한마디
다른이를 위해 배려하는마음
함께 웃고, 슬퍼하며
기쁨과 아픔을 나눌 수 있는 그런사람

겨울 땅속을 싹트게 하는
봄낮의 햇살 같은 좋은친구가
우리의 삶 여기저기에 있다

아직 세상에는
좋은사람이 많고
행복한 우리는
그런세상에
살고 있다.

Happy
Birthday

전봇대

전봇대가 이쑤시게로 변한 유머가
있던 시절

전봇대에 소변을
보는 모습이 정겨웠던
그시절

우리는 전봇대에 너무 많은
애환이 있었다

까만 통나무로 만든 전봇대
아이들은 전봇대의 까시에
찔려도 신나게 그위를
올라갔다 이제는 없어진 전봇대
아스라이 그시절이 그립다
전봇대의 까만 모습이 생각난다

min

그래도 되는줄 알았습니다

강가에 늘어선 가로수길
아픈다리
힘들게 걸어가셔서
조그맣게 농사 지으시던 우리어머니
그래도 되는줄 알았습니다

살얼음이 언
찬냇물에
찬손 호호 부시며
빨래 하시던 우리어머니
그래도 되는줄 알았습니다

점심엔
찬밥 한덩이
물에 말아
훌훌 드시던 우리어머니
그래도 되는줄 알았습니다

유난히 홍시를 좋아하시던
어머니
내젯상에는 홍시만 올려라
농담하시던 우리어머니
그래도 되는줄 알았습니다

다음 생에는
어머니와 내가
바꾸어 태어나면
정말
잘해드릴수 있는데?

간절히 빌어 봅니다.

눈꽃

올해도 어김없이
눈꽃이 핀다

나뭇가지에 흰꽃을
피게 하는
자연이 신비롭다,

가는세월은 어김없이
봄,여름,가을,겨울 사계절을
파노라마 같이 하루하루가
지나간다.

눈꽃이 높은하늘에
일곱빛깔 무지개를
만들면 아이들은 와! 하며
힘차게
뛰어논다.

국밥

뜨거운 국밥 한그릇에
허기를 채우던 그시절
추운 겨울엔 국밥 한그릇이
소원 이었다.

허기를 채우면
밀려오는 잠에 떠밀려
스르르 단잠에 빠졌다
소리소리 질러도
깨어나지 않더니

배고픔이 다시
찾아오면 자동으로
깨어난다.

정말 국밥 냄새가
단잠을 깨운다
국밥 냄새 정말 구수하네.